L'ART DE LA DANSE,

*Par M*ʳ ★ ★ ★ ★ ★.

DE L'IMPRIMERIE
De Jean-Baptiste-Christophe Ballard,
Doyen des Imprimeurs du Roi, Seul pour la Musique.
A Paris, au Mont-Parnasse, ruë S. Jean-de-Beauvais.

M. D CC. XLVI.

Avec Aprobation & Privilege du Roi.

PRÉFACE.

LE Traité de l'Art de La Danfe que l'on donne au Public, eft un abrégé méthodique des réfléxions que l'on a faites fur les graces & fur la perfection des pas, et des mouvemens que les hommes font naturellement, et l'on peut dire que l'alliance de ces mouvemens avec la Mufique, forme un fpectacle des plus fenfibles, qui dans l'antiquité la plus reculée faifoit l'ornement des Fêtes, que les Anciens célébroient en l'honneur de leurs Dieux ; et fait encore les délices des Cours les plus polies & les plus magnifiques. En effet, il femble que la Danfe foit parvenuë au plus haut dégré de fa perfection.

Nos Ballets font ingénieux & galans : La fage diftribution des Caractéres férieux & comiques, prouve l'intelligence des Compofiteurs ; et les excellens Danfeurs y expriment les paffions d'une maniére fi touchante, que les Spectateurs font charmés de retrouver en eux, toute la force de l'expreffion des anciens Pantomimes, jointe avec la délicateffe & les graces de l'action. Cependant il me paroît que l'utilité de La Danfe eft encore au-deffus de tous ces agrémens. Il eft un tems d'abandonner à la jeuneffe, le brillant de l'éxécution ; mais les graces que cet Art communique, font de tous les âges & de toutes les profeffions. Prefque toutes les fonctions de la vie civile ont befoin d'être accompagnées des graces de l'action : Le coup d'œil décide en faveur de la perfonne qui répréfente, et fouvent la négligence de ces ornemens diminuë l'impreſſion & le mérite des Ouvrages les plus dignes d'admiration. Or, l'Art de La Danſe contient les premiers principes de l'Art de plaire par les actions : Il eſt parconféquent raiſonnable de conclure que cet Art eſt néceſſaire, et que la pratique de ces régles communique les agrémens des plus grandes repréſentations.

Suivant ce principe, il eſt conſtant que l'on ne ſauroit avoir de trop bonnes Méthodes pour acquérir un Art, auſſi agréable qu'intereſſant : Tout le monde ſait que c'eſt par elles que les Arts ſe conſervent, et qu'ils ſe ſont portés à leur perfection. Quoique le Livre intitulé *Le Maître à Danſer*, contienne d'excellens principes, j'ai cru que ſon mérite ne devoit point empêcher qu'il n'en parût d'autres auſſi utiles au Public, par les différentes maniéres de s'énoncer ſur un Art, qui ne peut être ni trop bien expliqué ni trop approfondi.

C'eſt pour entrer dans ces vûes, que l'on entreprend aujourd'hui de donner un Traité de l'Art de la Danſe, dont la ſimple lecture fera connoître toute la diſpoſition. On n'oſeroit ſe flatter d'avoir conduit cet Ouvrage à ſa perfection : mais ce qui donne quelque confiance, c'eſt que l'on n'avance rien qui ne ſoit fondé ſur l'expérience & ſur le goût du Public, dont les déciſions toujours juſtes, doivent être regardées comme les régles certaines de l'art de plaire & de la belle exécution.

L'AUTEUR, toujours Anonime, est le même qui a donné La Musique Théorique & Pratique, Instruction dont les Eleves en cet Art, font usage depuis plusieurs années.

Cette Instruction a déterminé la forme de celle-ci, avec d'autant plus de raison, qu'en les réunissant, l'on trouvera dans la première, des Airs notés sur toutes sortes de mouvemens, dont l'usage leur peut être commun.

On les vend ensemble *trois livres douze f.* Séparément 50 f. La Musique Th. & Prat. et 24 f. L'Art de La Danse.

TABLE.

APROBATION.

J'Ai lû par l'ordre de Monfeigneur le Chancelier un Manufcrit qui a pour titre, *Traité de l'Art de La Danfe* : Je crois que la lecture en peut être utile aux jeunes gens, en leur donnant la connoiffance des préceptes que les Maîtres de l'Art doivent leur faire pratiquer. A Paris, ce 15. Août 1745. LAVAL.

PRIVILEGE DU ROI.

LOUIS par la grace de Dieu, Roy de France & de Navarre : A nos Amés & feaux Confeillers, les Gens tenans nos Cours de Parlemens, Maîtres des Requêtes ordinaires de nôtre Hôtel, Grand Confeil, Prevôt de Paris, Ballifs, Sénéchaux, leurs Lieutenans Civils, et autres nos Jufticiers qu'il appartiendra. SALUT. Notre bien Amé le Sieur * * * * *. nous a fait expofer qu'il defireroit faire imprimer & donner au Public un Ouvrage qui a pour titre, *Traité de l'Art de La Danfe*, s'il nous plaifoit lui accorder nos Lettres de Permiffion pour ce néceffaires. A CES CAUSES, voulant favorablement traiter ledit Sieur Expofant, nous lui avons permis & permettons par ces Préfentes de faire imprimer ledit Ouvrage en un ou plufieurs Volumes, & autant de fois que bon lui femblera, et de les faire vendre & débiter par tout notre Royaume pendant le cours de trois années confécutives, à compter du jour de la datte des Préfentes ; Faifons défenfes à tous Libraires, Imprimeurs & autres perfonnes de quelque qualitité & condition qu'elles foient d'en introduire d'impreffion étrangére dans aucun lieu de notre obéiffance ; à la charge que ces Préfentes feront enregiftrées tout au long fur le Regiftre de la Communauté des Libraires & Imprimeurs de Paris dans trois moîs de la datte d'icelles que l'impreffion dudit ouvrage fera faite dans notre Royaume & non ailleurs, en bon papier, beaux caracteres, et conformément à la feuille imprimée attachée pour modele fous le contre-fcel des Préfentes, que l'Impetrant fe conformera en tout aux Réglemens de la Librairie & nottamment à celui du 10. Avril 1725. qu'avant de les expofer en vente, le Manufcrit qui aura fervi de copie à l'impreſſion dudit Ouvrage fera remis dans le même état où l'Aprobation y aura été donnée, ès mains de notre très-cher & Féal Chevalier le Sieur Daguefleau, Chancelier de France, Commandeur de nos Ordres, & qu'il en fera enfuite remis deux exemplaires dans notre Bibliotheque publique, un dans celle de notre Château du Louvre, et un dans celle de notre très-cher & féal Chevalier le Sieur Daguefleau Chancelier de France, le tout à peine de nullité des Préfentes ; du contenu defquelles vous mandons & enjoignons de faire jouir ledit Sr Expofant & fes ayans caufes, pleinement & paifiblement, fans fouffrir qu'il leur foit fait aucun trouble ou empêchement ; Voulons qu'à la Copie des préfentes qui fera imprimée tout au long au commencement ou à la fin dudit Ouvrage foi foit ajoutée comme à l'Original ; Commandons au premier notre Huiſſier ou Sergent fur ce requis, de faire pour l'éxécution d'icelle, tous Actes requis & néceſſaires fans demander autre permiſſion, et nonobſtant clameur de Haro, Charte Normande & Lettres à ce contraires. Car tel eft notre plaifir. Donne' à Fontainebleau le vingt-uniéme jour du mois d'Octobre, l'an de grace mil fept cent quarante-cinq, et de notre Reghe le trente-uniéme.

Par le Roi en fon Confeil, *Signé*

SAINSON.

Regiftré fur le Regiftre XI. de la Chambre Royale & Syndicale des Libraires ; & Imprimeurs de Paris, No. 502. fol. 437. conformément au Réglement de 1723. qui fait défenfes Article IV. à toutes perfon-fonnes de quelque qualité qu'elles foient, autres que les Libraires & Imprimeurs, de vendre, débiter & faire afficher aucuns Livres pour les vendre en leurs noms, foit qu'ils s'en difent les Auteurs ou autrement, et à la charge de fournir à ladite Chambre Royale & Syn-dicale des Libraires & Imprimeurs de Paris, huit Exemplaires pref-crits par l'Article CVIII. du même Réglement. A Paris le 28 Octobre 1745, Signé.

VINCENT, Syndic.

L'ART.

L'ART
DE
LA DANSE.

A DANSE confidérée en elle-même &
dans fon origine, n'eft autre chofe qu'une
certaine quantité de pas & de mouvemens
que les hommes font naturellement pour
exprimer leur joye, et c'eft aux refléxions
que l'on a faites de tems en tems fur la
beauté & fur la juftefle de ces mouvemens,
que l'Art de la Danfe doit fa naiffance, fon
progrès & fa perfection. Ainfi l'on peut dire que cet Art eft
une fuite de principes & de regles que les grands Maîtres ont
établis pour exécuter avec grace leurs Compofitions, qui font
de deux fortes, favoir la Compofition des Danfes ordinaires,
et la Compofition des Ballets.

LES Danfes ordinaires font celles que l'on compofe pour
les Affemblées & pour le Bal, dans lequel on ne fe propofe
que la bonne grace & le plaifir. Il eft cependant bon de r_-
marquer que ces Danfes ordinaires font quelquefois détachées
d'un Ballet ou de quelqu'autre Divertiffement, dont elles fai-
foient partie.

LE Ballet eft la plus belle, la plus favante & la plus ingé-
nieufe de toutes les Compofitions. C'eft une repréfentation

A

animée d'un sujet poëtique qui renferme les caracteres sérieux & comiques, capables d'exprimer & d'exciter les passions. Ainsi l'on peut regarder un Ballet comme l'imitation d'une action qui fait un tout, dont les parties sont les Entrées : Les plus bélles, à mon avis, sont celles qui sont bien dialoguées. Il y en a de fort ingénieuses qui occupent agréablement l'imagination des Spectateurs à en découvrir le dessein : Et je me souviens d'en avoir vû une entr'autres, dont les atitudes étoient si vives & si parfaitement exécutées que je croïois voir la représentation d'une des plus belles Odes d'Horace, et l'intrigue la mieux suivie. Il est aisé de voir par cette petite description que, sans de grandes qualités, c'est une espece de témérité d'entreprendre de telles Compositions.

U N bon Compositeur doit être intelligent : Quelques connoissances de l'Histoire, de la Fable, des Caracteres, et des mœurs des Nations lui seroient fort utiles pour exprimer heureusement ses sujets. Il est bon qu'il sache la Musique ; il doit avoir une connoissance parfaite de tous les pas de la Danse & de leurs combinaisons, le Dessein lui sera aussi d'un grand secours pour la perfection des figures & le choix des atitudes, un Ballet pouvant être consideré comme une suite de tableaux mouvans, qui parlent aux yeux des Spectateurs ; enfin, sa qualité la plus essentielle est le bon goût, sans lequel il ne sauroit plaire. C'est par ce bon goût qu'il fait un juste discernement du mérite de ses Danseurs, qu'il choisit des Airs convenables à son sujet, qu'il imagine des habits, et tout ce qui regarde la décoration ; en un mot, c'est le bon goût qui fait le charme du Spectacle, et le prix de sa réputation.

L E S bons Danseurs sont les dépositaires de la science & du génie des Compositeurs, et seuls capables de faire sentir tout le mérite de leurs Ouvrages, puisque le succès des Spectacles dépend toujours de la beauté de l'exécution ; mais pour la posseder, il ne suffit pas d'être danseur, il faut encore avoir de l'intelligence & être capable d'entrer dans le dessein d'une composition. Un excellent Danseur n'ignore pas qu'un Ballet est une expression vive d'un sujet poëtique : Il sait qu'il doit former un tout dont les parties tendent à une même fin. Il en examine l'invention des Caracteres, les passions, qu'ils doivent exprimer, la liaison des Entrées, leurs dispositions, et décide avec les connoisseurs de son mérite, s'il y trouve du génie &

des nouveautés proportionnées au sujet. L'idée juste qu'il s'est formée du dessein de tout l'ouvrage, le dispose à entrer dans le caractere qu'il doit représenter : Il s'en pénetre, et recherche avec goût tout ce qui peut le rendre capable de le bien exprimer ; il ne perd point de vûe l'esprit & le dessein du Compositeur, et jamais il ne sort de son caractere, il possede son Air, et par la perfection & la justesse de ses pas, il en fait sentir les endroits les plus sensibles ; enfin, il répand tant de graces & d'harmonie dans tous ses mouvemens, qu'il fait les délices des Spectateurs en surpassant leurs esperances.

LA petite description que nous venons de faire de l'Origine de la Danse, de ses progrès dont on a fait un Art, et du mérite des Compositeurs & des Danseurs, nous porte naturellement à exposer les principes & les regles de cet Art: mais pour y procéder avec ordre, nous commencerons par vous en donner la Définition qui en marquera la nature, et la Division qui en indiquera précisément les parties.

DEFINITION.

L'ART de la Danse est un enchaînement naturel de principes & de regles certaines qui enseignent à former avec grace toutes sortes de pas, avec le port des bras & des atitudes qui y conviennent, et que démontrent le parfait raport des pas & des actions avec les Notes & les Tems sensibles des Airs sur lesquels ils sont éxecutés. Cet Art est utile aux Maîtres pour enseigner, aux Ecoliers pour bien apprendre, et aux Amateurs pour en bien juger.

DIVISION.

L'ART de la Danse se divise en cinq Parties.

Nous parlerons dans la premiere Partie des Positions, de la maniere d'être bien campé sur les jambes, de marcher avec grace, et de faire la révérence d'un air noble & aisé.

DANS la seconde Partie, on expliquera les différens pas de la Danse, la maniere de les former & de bien prendre les mouvemens.

DANS la troisiéme, nous donnerons quelques regles générales pour l'intelligence du port des bras & des atidudes.

DANS la quatriéme, nous parlerons plus amplement de la cadence de la Danse. A ij

DANS la cinquiéme Partie de cet Art, on donnera une idée de l'harmonie de la Danse, dans laquelle on ajoutera quelques réflexions sur la compofition des Danfes & sur les moyens de juger de la beauté de l'exécution : Mais avant de commencer à traiter la premiere Partie, il eft neceffaire d'obferver qu'on ne fauroit parvenir à la poffeffion d'une Science-pratique fans le fecours d'un bon Maître, et fans beaucoup d'exercice ; ainfi quelque perfection qu'on puiffe donner à une Méthode, elle ne doit être confidérée que comme une fuite réguliere de principes que les grands Maîtres enfeignent de vive voix, et qu'ils démontrent tous les jours par des exemples clairs & fenfibles.

PREMIERE PARTIE.

Des Pofitions, de la maniere d'être bien campé fur fes jambes, de marcher avec grace, et de faire la révérence d'un air noble & aifé.

DES POSITIONS.

'ON entend par Pofitions, la fituation où fe trouvent les pieds avant de commencer à danfer & en danfant. On en pratique ordinairement de dix fortes, favoir cinq bonnes & cinq fauffes.

On appelle bonnes pofitions, celles qui font dans une certaine régularité uniforme, les deux pointes des pieds également tournées en dehors.

LES fauffes, font les unes uniformes, et les autres difformes entre-elles, et différent des bonnes en ce que les pointes des pieds font en dedans, ou s'il y en a un en dehors, l'autre eft toujours en dedans.

LA premiere des bonnes pofitions, eft lorfque les deux pieds font joints enfemble les deux talons l'un contre l'autre.

LA Deuxiéme, quand les deux pieds font ouverts fur une même ligne horifontale de la diftance de la longueur du pied entre les deux talons.

LA Troifiéme, lorfque le talon d'un pied eft emboîté contre la cheville de l'autre.

LA quatriéme, quand les deux pieds font l'un devant l'autre
éloignés de la diftance de la longueur d'un pied entre les deux
talons qui font fur une même ligne. Il faut pourtant remarquer que très fouvent dans les Danfes de caracteres, ces di-
ftances ne font pas exactement obfervées.

LA Cinquiéme, lorfque les deux pieds font croifés l'un fur
l'autre, de maniere que le talon d'un pied foit vis-à-vis la
pointe de l'autre.

LA Premiere des fauffes pofitions, eft lorfque les deux pointes des pieds font tournées en dedans enforte qu'elles fe touchent & que les talons foient ouverts fur une même ligne.

LA Deuxiéme, quand les pieds font ouverts de la diftance de
la longueur du pied entre les deux pointes qui font toutes deux
tournées en dedans, les deux talons étant pofés fur une même ligne.

LA Troifiéme, lorfque la pointe d'un pied eft en dehors &
l'autre en dedans, enforte qu'ils foient paralelles l'un à l'autre.

LA Quatriéme, quand les deux pointes des pieds font tournées en dedans de maniere que la pointe d'un pied foit proche
de la cheville de l'autre.

LA Cinquiéme pofition fauffe, fe forme lorfque les deux
pointes des pieds tournées en dedans fe croifent l'une fur l'autre de maniere que le talon d'un pied foit droit vis-à-vis la pointe de l'autre.

CE feroit ici l'endroit de placer les figures de toutes ces pofitions, et de donner des exemples & des tables de leurs différentes mutations, fi elles n'étoient pas parfaitement exprimées
dans le Livre de la Chorégraphie, qui eft un ouvrage très-
utile & très-eftimable, fur lequel il ne feroit pas jufte d'anti-
ciper & auquel je confeille les Lecteurs d'avoir recours : D'ailleurs les lumieres qu'on en tirera étant jointes aux démonftra-
tions de vive voix que les Maîtres en donnent à leurs Ecoliers,
il ne reftera aucun doute fur les connoiffances & fur les ufages
des bonnes & des mauvaifes pofitions.

De la maniere d'être bien campé fur fes jambes.

IL eft très-important de favoir précifément en quoi confifte
la maniere d'avoir le corps bien placé fur fes jambes, puif-
que c'eft de ce premier coup d'œil que l'on diftingue les grands

Maîtres & que l'on se prévient agréablement en faveur de leurs Ecoliers.

POUR parvenir à la perfection de cette situation, il faut que le corps soit droit, posé sur ses jambes dans l'équilibre à plomb avec grace & liberté. On sent l'équilibre, la liberté se trouve dans la puissance de prendre facilement tous les mouvemens, et l'on est de bonne grace lorsque la tête est droite, d'une maniere noble & aisée, en observant de tourner également en dehors les pieds, les genoux, les hanches & les épaules, d'où l'on puisse tirer jusqu'aux talons une ligne perpendiculaire, ce qui est une preuve sûre que le corps est en équilibre à plomb lorsqu'il est également appuyé sur les deux pieds à la seconde position ; et si le corps n'étoit appuyé que sur une jambe, la preuve de l'équilibre à plomb seroit de pouvoir tirer une ligne perpendiculaire depuis le sommet de la tête jusqu'au talon de la jambe sur laquelle le corps seroit posé. Cette petite description sera suffisante avec les exemples & les secours des bons Maîtres, qui sont toujours nécessaires dans les exercices, et seuls capables de faire sentir toutes les beautés de l'exécution.

De la maniere de marcher avec grace.

POUR marcher avec grace, il faut que le corps soit toujours placé comme je viens de le décrire & que les jambes soient portées facilement dans une juste proportion ; ce qui arrivera si l'on observe exactement les deux régles suivantes.

1°. IL faut commencer par lever le talon en fléchissant un peu le genou de la jambe qui doit marcher, et que dans le même-tems le corps se trouve porté en équilibre sur la jambe qui doit rester.

2°. DETACHER la pointe du pied de terre en déployant le genou & appuyer le pied à la quatriéme position si l'on marche en avant, en arriere, ou en rond, et de la deuxiéme à la cinquiéme, si l'on marche de côté.

JE ne crois pas qu'il soit necessaire de donner à ces régles de plus amples explications, n'y ayant que l'exercice, les exemples & les avis des bons Maîtres qui en puissent faciliter la possession. Je remarque seulement que le talon est toujours levé & posé le premier en marchant naturellement, et que le bras qui accompagne la jambe qui marche, se trouve toujours en opposition sans y penser.

De la Révérence.

LA Révérence étant une marque de respect & d'estime, elle doit être proportionnée à la dignité des personnes que l'on salue & à la considération particulière qu'inspirent le mérite & le caractére.

LES occasions de faire la Révérence sont communes aux Hommes & aux Femmes ; mais comme ils l'expriment d'une maniere différente, il est convenable d'en parler séparément.

LA connoissance de la maniere de tenir son chapeau , de l'ôter et de le remettre noblement sur la tête, doit précéder celle de la révérence , et l'on peut dire que la beauté de cette action consiste à détacher sans affectation le bras de dessus la cuisse , en le conduisant étendu jusqu'à la moitié du chemin qu'il doit faire, pour l'arrondir ensuite jusqu'au chapeau , sans que la tête fasse aucun mouvement , et revenir par le même chemin avec la même attention.

De la Révérence des Hommes.

IL est de l'usage ordinaire de faire la Révérence en entrant , en sortant, en se rencontrant , avant de commencer une danse & en la finissant : Les bons Maîtres enseignent en détail la maniere de bien faire ces Révérences , et les connoissances du grand monde & de toutes les bienséances en font faire de justes applications ; ainsi je me contenterai de dire ici en abregé ce qu'il faut observer pour les bien exécuter.

JE trouve que la Révérence se peut faire de cinq façons sans parler de celle que l'on fait avant de danser.

LA premiere, est celle que l'Homme fait en se présentant. Dès qu'il est apperçu, la premiere action qu'il doit faire , est celle de plier les reins en détachant un talon de terre, ensuite de passer la jambe en coulant la pointe du pied jusqu'à la quatriéme position en avant, pendant lesquelles actions les reins qu'il avoit ployés doivent se déployer insensiblement de façon que sa Révérence se trouve terminée le corps droit en appuyant le talon du pied qu'il a coulé.

JE passe à la seconde sorte de Révérence qui se fait de côté. Celui qui est dans l'obligation de la faire , ne doit point s'ar-

réter après fa Révérence en avant ; mais il doit par une liai-
fon douce, joindre l'une à l'autre en portant le pied de derriere
à la feconde pofition, et ployer les reins en mettant en équilibre le corps deffus, et les déployer en coulant l'autre pied derriere entre la troifiéme & quatriéme pofition.

LA Troifiéme, eft celle que l'on eft obligé de faire en paffant
devant une perfonne de diftinction. Pour la bien faire, je crois
qu'il fuffit de fe tourner devant elle avec le pas qui précéde la
Révérence, et fans s'y arrêter, couler le pied derriere à la cinquiéme pofition.

LA Quatriéme, eft celle dont on fe fert pour faluer en paffant plufieurs perfonnes à la fois. Pour y réuffir, le pied du-
quel on fait le pas qui précéde cette Révérence, ne doit pas fe
pofer en avant comme fi l'on continuoit de marcher, au contraire il faut le pofer extrêmement tourné devant les perfonnes
que l'on falue, et fans s'y arrêter, couler le pied à la cinquiéme
pofition.

LA Cinquiéme, eft celle dont on fe fert pour fe retirer avec
politeffe du lieu où l'on eft, on doit obferver en pratiquant
celle-ci, de ne couler la pointe du pied derriere qu'à la quatriéme pofition.

COMME de plus grandes explications feroient moins
capables d'inftruire que d'ennuyer ; il me paroît feulement im-
portant d'obferver que la fléxion du corps doit fe faire dans le
creux de l'eftomach, enforte que le dos paroiffe arrondi, et que
la plus grande perfection de la Révérence dépend de l'harmonie qui fe doit trouver entre le mouvement de la jambe qui fe
gliffe, et la flexion du corps qui doit être relevé dans le même
tems que la jambe termine fon action.

De la Révérence des Femmes.

LE nombre des Révérences que les Femmes font obligées
de faire fe réduit à quatre.

POUR les bien faire toutes, il s'agit ayant le corps droit
& bien placé, de plier les genoux infenfiblement & de les relever très-lentement avec grace & poffeffion.

LA Premiere eft celle qu'elles font en fe préfentant dès qu'elles font apperçues.

POUR la bien montrer, on doit, après le pas qui la précéde

céde, leur faire joindre le pied de derriere à la premiere poſition, parceque dans cette ſituation elles plieront indubitablement les deux genoux également, ce qui eſt un point neceſſaire pour ſa perfection. Cette même Révérence ſe répête en s'approchant de la perſonne à qui l'on eſt préſenté ou à qui l'on a affaire.

LA ſeconde Révérence eſt celle qu'elles font à côté. Quand elles ſont dans l'obligation de la faire, elles doivent détacher un pied de terre, le porter à la ſeconde poſition, et joindre l'autre à la premiere en obſervant dans cette révérence auſſi bien que dans toutes les autres, de plier & de relever les genoux comme je viens de le marquer.

LA troiſiéme eſt celle dont elles ſe ſervent pour ſaluer dans les aſſemblées, les perſonnes de diſtinction.

POUR la bien faire, il ne faut que ſe retourner avec le pas qui la précéde devant la perſonne qu'on veut ſaluer ; joindre à la premiere poſition le pied qui n'a point marché, et obſerver en finiſſant de relever les genoux, de tourner le corps inſenſiblement du côté que l'on veut aller, en détachant un talon de terre pour ſe préparer à marcher.

LA quatriéme Révérence ſert à ſaluer pluſieurs perſonnes à la fois.

POUR la bien exécuter, on doit avec le pas qui la précede ſe tourner devant les perſonnes que l'on ſalue, plier les genoux, les conſerver pliés juſqu'à ce que le pied qui n'a point marché ait coulé devant à la cinquiéme poſition.

JE ne parle point des Révérences que les Femmes font en ſortant, parce qu'elles ſe doivent faire dans la même poſition & dans la même forme que celles qu'elles font en entrant.

SECONDE PARTIE.

Des differens Pas de la Danse, de la maniere de les former,
et de bien prendre les mouvemens.

OMME la parfaite éxecution des pas de la Danse
dépend en partie d'en bien prendre les mouvemens,
il me paroît utile d'en donner l'intelligence avant que
de parler des pas.

TOUT le monde convient que ce qui plaît dans les exercices du corps, vient de la beauté des mouvemens; on en connoît de même en général les propriétés ; car on sait bien que
l'usage de la liberté produit l'équilibre, augmente la force, et
donne de la justesse, de la souplesse & de la légereté ; mais les
moyens d'acquérir ces perfections sont vulgairement ignorés, n'y
ayant que les excellens Maîtres de chaque exercice qui soient
capables de les bien enseigner ; C'est donc à eux qu'il faut avoir
recours pour se confirmer dans la pratique des Regles que je
vais donner.

Observations sur la maniere de bien prendre les mouvemens.

COMME la Danse n'est précisément qu'une marche en
cadence, il ne faut pas que les mouvemens que l'on prend
pour danser déplacent jamais le corps de la situation gracieuse
& en équilibre dans laquelle le bon Maître doit avoir placé celui
de son Ecolier ; car il est certain qu'en prenant des mouvemens
pour éxecuter toutes sortes de pas , on conservera cette grace
naturelle, si, en détachant un pied de terre, on conserve en même-tems cet équilibre en liberté si necessaire à la belle éxecution
de tous les pas.

Cette belle éxecution de tous les pas dépendant en partie
des principes renfermés dans les positions, les Maîtres ne sau-
roient trop s'appliquer à en donner la connoissance à leurs éco-
liers par le raisonnement & la pratique ; parceque l'exacte position d'une jambe met toujours l'autre en état d'executer agréablement.

IL eſt auſſi neceſſaire pour la ſureté & l'aiſance de l'execu-tion, de montrer aux Ecoliers à ne jamais plier les genoux qu'un talon ou les deux ne ſoient poſés à terre ſelon les pas qu'on leur enſeigne.

POUR conſerver la poſſeſſion de l'équilibre dans l'éxécu-tion, le Maître doit montrer à ſes Ecoliers à retrouver terre avec le pied qu'il en aura détaché, et à le couler finement en pliant juſqu'à la poſition dans laquelle il doit relever, ſur tout dans les mouvemens lents comme ceux de la Sarabande d'Iſſé, de l'Entrée d'Apollon dans le Triomphe de l'Amour, de la Loure de Galatée, &c.

ENFIN, c'eſt dans la douceur des mouvemens & dans la vivacité avec laquelle on doit les relever ſans roideur que conſiſte l'Art de danſer ſenſiblement en cadence ; c'eſt ſans doute un Art & même un Art peu connu que celui de mar-quer avec préciſion par des actions & des mouvemens, les temps de la meſure, puiſque ceux qui danſent avec de l'oreille, ne danſent pas tous en cadence & de la même façon & qu'il y en a beaucoup qui négligent un Art qui ajoute de l'ame à l'Art même.

CE dernier principe eſt totalement de M. Marcel & dans les propres termes qu'il les a écrits ; c'eſt donc cette douce & vive liaiſon des mouvemens, qui eſt une des principales cauſes du charme que l'on reſſent dans l'éxécution des pas ? Oui ſans doute, et ſans cette qualité, on ne ſera jamais parfait danſeur. La Méthode que je préſente au Public eſt l'aſſemblage des Re-flexions que j'ai faites ſur les talens des plus grands Maîtres que j'ai admiré, ſoit dans leurs Eleves qui brillent dans les Cours de l'Europe, ſoit dans les merveilleux changemens en bien que j'ai vu arriver en peu de Leçons dans la Danſe de ceux qui leur avoient été confiés.

De la Formation des Pas.

ON entend par un Pas, le mouvement que la jambe fait pour paſſer d'un lieu dans un autre.

LE nombre des pas de la Danſe paroît preſqu'infini, lorſ-qu'on les conſidere ſelon les différentes manieres de les former & de les combiner ; mais les regardant par rapport aux diffé-rentes figures que la jambe peut faire en danſant, on les réduit à cinq, favoir, le Pas droit, le Pas ouvert, le Pas rond, le Pas tortillé, et le Pas batu.

LE Pas droit eft formé quand le pied marche fur une ligne droite. Il y en a de trois fortes, en avant, en arriere & de côté.

LE Pas ouvert eft lorfque la jambe s'ouvre en formant un arc de cercle, il y en a de deux fortes, l'un en dehors & l'autre en dedans.

LE Pas rond eft quand la jambe en s'ouvrant, fait un cercle entier, il s'execute en dedans & en dehors.

LE Pas tortillé eft lorfque le pied en marchant fe tourne en dedans & en dehors; il y en a de trois fortes, en avant, en arriere & de côté.

LE Pas batu eft quand la jambe ou le pied vient battre contre l'autre; Il y en a de trois fortes, devant, derivés & à côté.

Cependant comme ces cinq Pas primitifs font fufceptibles de plufieurs modifications qui forment de nouveaux pas différens entre-eux; je diviferai pour une plus grande clarté tous les pas de la Danfe en Pas primitifs, qui font l'origine de tous les autres, et en Pas dérivés qui en defcendent comme de leur fource.

LES principales modifications des Pas primitifs font le plié, le relevé, le fauté, le cabriolé, le gliffé, le tombé, avoir le pied en l'air, pofer la pointe du pied à terre, ou le talon, ou tout le pied, tourner un quart de tour, demi-tour, trois quarts de tour, le tour entier.

ON conçoit aifément après ce détail, que quelques-unes de ces modifications jointes aux pas primitifs, forment les pas dérivés qui entrent dans la compofition de toutes les Danfes.

ON peut encore confiderer les pas de la Danfe comme fimples & compofés. Le pas eft fimple quand il eft feul comme le pas grave, le demi-coupé, le pas affemblé, &c.

Il eft compofé quand deux ou plufieurs pas font joints enfemble fous une même dénomination comme le pas de Bourée, le pas de Menuet, &c.

APRES ces Divifions des pas, il eft convenable de donner les noms des Pas dérivés les plus en ufage; les voici.

LE Pas grave, le Demi-coupé, le Pas affemblé, le Pas levé, le Jetté, le Contre-temps fimple pris les deux pieds à terre en pliant, le Contre-temps fimple pris un pied en l'air en pliant, les Contre-temps balonés, le Pas tombé plié, le Pas sauté les deux pieds à terre, le Pas batu plié & relevé, le pas tortillé plié & relevé, le Coupé, le pas de Bourée, le Fleuret, le pas de Gaillarde, le Pas de Menuet, les Chassés, le pas de Sissone, le pas de Rigaudon, le Pas échapé, les Glissés, le pas de Chacone, le Pas troussé, la Cabriole, la demie-Cabriole, l'Entre-chat, le Demi-entre-chat, la Pirouette étendue en dehors & en dedans, la Pirouette batue, la Pirouette soutenue sur les pointes en tournant, la Pirouette soutenue, tombée, pliée & sautée en relevant, la Pirouette prise sur les deux pieds & sautée, la Gargouillade, le saut de Basque, l'Entre-chat à terre, &c.

LA figure & le détail exact des actions des pas que je viens de nommer, se peut voir dans les Tables de Corégraphie de M. Feuillet, on peut aussi voir la description de quelques-uns de ces pas dans le Livre intitulé le Maître à danser, mais on ne parviendra jamais à les bien exécuter sans les avis réitérés d'un Maître experimenté.

UN bon Maître à danser communique à ses Ecoliers selon leur disposition les moyens de parvenir à la perfection de son art; il leur inspire d'abord la bonne grace, en les plaçant sur leurs jambes d'un air noble & gracieux sans aucune contrainte, en les avertissant de conserver toujours dans ses actions la même noblesse & la même liberté; il leur enseigne les regles des positions, afin d'être entendu quand il leur donnera les regles pour bien marcher & pour faire la révérence. L'œil & la main du Maître sont bien utiles dans les commencemens. Il passe ensuite à la connoissance des pas, où j'ai remarqué que les grands Maîtres sont d'avis que l'on reste long-temps, parceque le desir de danser vite est souvent la cause que l'on ne danse jamais bien. Comment pourroit-on perfectionner des actions que l'on ne s'est jamais donné le temps de posseder. L'intelligence & la facilité d'executer les pas, met le Maître à portée d'enseigner à son Eleve les bras & les atitudes qui leur conviennent, ensuite on passe à la pratique des Danses où l'on observe la beauté des figures, et les differens mouvemens des Airs sur lesquels on doit danser: C'est alors que le Maître attentif aux progrès de son Disciple, lui transmet par degrés les plus grandes délicatesses de son Art. De pareilles réussites font la satisfaction des familles, la réputation des Maîtres, et les agrémens de la vie des Ecoliers.

TROISIE'ME PARTIE.

Cette Troisiéme Partie de l'Art de la Danse, quoique très importante, sera cependant de peu d'étendue, parceque les ornemens & les graces dont elle est susceptible sont pour ainsi dire de ces je ne sai quoi, que l'on ne sauroit précisément exprimer; ce qui m'oblige de me renfermer dans l'explication de quelques Regles générales précédées de la simple déduction des principaux défauts qu'il y faut éviter.

DES BRAS ET DES ATITUDES.

L'O N sait communément que les mouvemens des bras tirent leur origine des épaules, des coudes & des poignets, l'on sait aussi qu'ils font corespondans à ceux des hanches, des genoux & du coud-pied, l'on pourroit même déterminer les divers mouvemens de chacune de ces Parties, mais ces connoissances anatomiques n'en font point connoître le bel usage qui doit être le seul objet des Danseurs, & ce qu'il est presqu'impossible de leur enseigner dans un écrit.

UN des plus grands défauts contre le bon goût est l'emploi des mouvemens du poignet ; et s'il se trouve des personnes qui les louent, apparemment qu'ils n'entendent pas parler des mouvemens propres & particuliers au poignet , qui font toujours ridicules, mais seulement des mouvemens de l'avant-bras dont les mouvemens font gracieux; ainsi les mouvemens particuliers des poignets ne peuvent être bien placés que dans les caractéres comiques ou furieux.

LES bras trop avancés en avant couvrent trop la taille & les coudes qui la débordent , et trop retirés en arriere font un effet desagréable. Je laisse au coup d'œil du spectateur & à la vigilance des bons Maîtres la remarque d'une infinité de défauts dont le détail seroit aussi inutile qu'ennuyeux.

LA Regle la plus générale & la plus sûre du bon usage des bras, est le contraire, c'est-à-dire l'opposition de la jambe au bras; ainsi la jambe droite avancée demande le bras droit étendu , et le bras gauche plié depuis le coude en oppofition. Cette Regle cependant fouffre quelques exceptions dont la principale eft de n'avoir pas le bras contraire en tournant , parceque pour lors le corps ne refte pas en atitude & que le Danfeur eft plus en force. Les autres exceptions dépendent de certains enchaîne-mens de pas & d'atitudes dont les excellens Danfeurs font feuls en état de profiter par leur adreffe & leur grande poffeffion.

UNE autre Regle eft de tenir les bras plus ou moins éle-vés felon la taille, en obfervant que la bonne grace demande abfolument que le bras plié foit plus élevé que le bras étendu.

ON peut donner encore pour Regle d'arondir les coudes, et de ne faire prendre aux bras que des figures agréables ; mais la multitude des Regles ne fera jamais acquerir la jufteffe, ni les graces des mouvemens des bras, non-plus que la beauté des atitudes qui font une grande partie de l'ame de la Danfe & fa plus vive expreffion ; ainfi l'on eft obligé d'avouer que le mi-roir bien confulté, les avis des grands Maîtres, & l'imitation des meilleurs modéles joints à beaucoup d'exercice font les plus fûres & prefque les feuls moyens de porter la poffeffion des bras & des atitudes à fa plus grande perfection.

QUATRIE'ME PARTIE.

De la Cadence de la Danfe.

DE'FINITION DE LA CADENCE.

DANSER en Cadence, c'eft proportionner la durée des pas à la valeur des Notes de la mefure, de maniere que le premier inftant de chaque tems d'une mefure foit marqué ou frappé par quelque partie, ou quelqu'action des pas de la mefure, ou par un filence équivalant.

POUR rendre cette définition utile & lui donner toute fon étendue, je confidererai la Cadence de la Danfe fous trois points de vûe différens, favoir, comme Cadence naturelle, comme Cadence fine & favante, et comme Cadence fauffe ou contre-Cadence.

De la Cadence naturelle.

J'ENTENS par Cadence naturelle cette heureuse disposition des organes de l'ouye, qui fait sentir les premiers tems des Mesures & fait former des mouvemens & des pas sur les Airs dansans & sensibles, et ce qu'il y a même d'admirable & de surprenant, c'est que les personnes douées de cette oreille naturelle marquent la Cadence par la partie du pas la plus convenable & la plus sensible : Par exemple, un pas où l'on ne saute point, la Cadence se marque sur l'extension des genoux après le plié. Dans le Pas sauté, elle se marque dans l'instant que les pieds touchent à terre, et dans le pas où la jambe reste en l'air, la Cadence se marque sur l'extension de la jambe.

VOILA les effets de la simple Cadence naturelle, mais si l'on joint à cette sensibilité naturelle, l'Art & la reflexion, alors on acquiert la possession de la Cadence fine & savante dont nous allons donner la description.

De la Cadence fine & savante.

LA Cadence fine & savante est la Cadence naturelle, accompagnée de l'Art & de la reflexion. Cette union de l'Art & de la Nature éleve le Danseur audessus du hazard, elle le le rend Maître de l'Air sur lequel il doit danser. Il en sent tous les tems avec beaucoup de précision, en un mot cette intelligence lui fait connoitre le parfait raport de la Mesure & des pas, en quoi consiste la science & la certitude de l'exécution.

Après cette description de la Cadence fine & savante, il convient de démontrer que la possession s'en acquiert en surmontant les difficultés qui se rencontrent dans les Airs difficiles & en se faisant une loi de ne composer sur les caracteres des Airs que les pas dont ils sont susceptibles, le détail & l'explication de ces deux Regles nous en feront sentir toute l'utilité.

POUR parvenir à la connoissance des difficultés qui se rencontrent dans les Airs, il faut remarquer qu'entre les Airs sur lesquels on péut danser, il y en a d'aisés & de sensibles, dont les premiers tems des Mesures se font sentir aux personnes qui ont naturellement de l'oreille & quelqu'habitude de battre la Mesure, mais il en est de difficiles sur lesquels on ne peut danser & composer exactement sans le secours de l'Art &

de

de la réflexion ; tels font les Airs qui ont des filences au commencement des Mefures, et des tenues à la fin qui durent plus ou moins dans la Mefure fuivante, ce qui engage ordinairement de fincoper ces longues Notes par des mouvemens que la feule oreille naturelle ne fauroit exécuter. Telle eft la Paffacaille de Sylla dans laquelle une illuftre Danfeufe furprenoit par fon intelligence et fon favoir, dans le tems même qu'elle enchantoit par les graces de l'exécution.

UN Air peut être encore difficile à fentir par la lenteur de fes mouvemens, comme il arrive dans les Airs à deux & trois temps lents, ou au contraire par leur rapidité & le grand nombre des Notes dont les Mefures font remplies, tels font les Airs qui expriment les furies, les vents & autres Airs de même caractere.

LES moyens de furmonter & de vaincre ces difficultés font l'intelligence des propriétés de l'Air, et le fentiment fin & délicat des temps des Mefures qui le compofent. On a l'intelligence des principales propriétés d'un Air, quand on connoit le caractere, le nombre des temps de la Mefure, les Notes qui entrent dans chaque tems & le degré de mouvement.

A l'égard du fentiment fin & délicat des tems de la Mefure, il s'acquiert, en battant fouvent avec beaucoup d'exactitude la Mefure des Airs les plus difficiles & de toutes fortes de caracteres.

APRÉS avoir démontré comment l'art nous fait triompher des difficultés qui fe rencontrent dans les Airs difficiles à fentir, il nous refte à parler des quatre manieres qu'il nous donne de trouver des pas & des expreffions convenables au caractere de l'Air fur lequel on veut compofer.

LA premiere maniere n'eft pas difficile & ne confifte qu'à faire quadrer des pas ordinaires & ufités, avec des Airs aifés & danfans, comme font les Bourées, les Rigaudons & autres Airs femblables, ou bien avec des Airs à trois tems légers.

LA feconde plus difficile & plus favante arrêteroit tout court quiconque voudroit compofer ou danfer de caprice fur des mouvemens de Courante, de Mènuet ; de Paffepieds, et autres, fans les avoir tâtés & fans s'en être rendu maître par l'étude & la connoiffance des pas dont ils font fufceptibles.

LA troifiéme eft favante par fa façon extraordinaire de marquer la cadence par un plié que l'on apelle Pas tombé ou péri, par le mouvement des bras ou quelqu'autre atitude.

LA quatriéme suppose encore de la science. Elle consiste à faire imiter aux Pas les silences & les tenues qui se rencontrent dans les Airs difficiles à sentir ; Par exemple un Pas imite le silence de la Musique, lorsqu'il ne commence pas sur le premier tems de la mesure, il imite les tenues de la Musique soit qu'il continue un Pas aussi long-tems que la Note qui fait une tenue appartenante à deux mesures qui se suivent, soit qu'il n'y ait point de tenue dans l'Air, et que le Pas la produise en demeurant la jambe étendue, sur la derniere partie d'une mesure, & sur la premiere partie de la mesure suivante. L'on pourroit apeller ces trois dernieres sortes de Composition des subtilités de la cadence dont le célébre M. Beauchamp se servoit quelquefois pour embarrasser les plus habiles, et souvent il employoit la quatriéme, par science & avec dessein, parce qu'en effet cette maniere de marquer la cadence produit une espece de surprise agréable, à cause qu'il semble d'abord que le Danseur soit hors de Cadence quoique ce ne soit qu'en apparence, et qu'il ait toujours conservé la bonne cadence dont il ne faut jamais sortir.

De la Cadence fausse ou Contre-Cadence.

LA fausse Cadence de la Danse est une production de Pas qui ne quadrent point avec les mesures de l'Air sur lequel on danse, C'est un défaut de sentiment qui empêche de marquer par quelqu'action l'instant où s'exprime la premiere note de la Mesure : Ainsi danser hors de cadence, c'est choquer les oreilles sensibles, et troubler continuellement l'harmonie qui doit toujours être entre l'Air & les Pas. Ce défaut de sentiment est d'autant plus grand, qu'il paroit sans reméde quand il est naturel ; car quelque connoissance & quelque théorie que l'on puisse donner des tems de la mesure & de la valeur des Notes qui peuvent y entrer, elle s'evanouit, quand il est question de la mettre en pratique, parceque la lumiere ne peut point donner le sentiment, mais seulement l'accompagner & le perfectionner.

MON dessein dans ce Traité de la Cadence a été de renfermer seulement ce qu'il y a de plus essentiel & de plus curieux dans cette matiere ; de plus amples explications auroient été inutiles, parceque tout le monde fait que dans les sciences-pratiques, la poffeffion ne s'en acquiert que par l'exercice & l'application réfléchie des principes, J'avoue cependant qu'un Traité de la Cadence devroit être accompagné d'exemples choifis qui en rendiffent les préceptes plus faciles & plus fenfibles, mais comme je n'aurois pu raporter ces exemples qu'en me fervant de caracteres qui font partie d'un ouvrage qui ne m'appartient pas & qui n'a point encore été mis au jour, je fuis obligé pour rendre la juftice à qui elle eft dûe, d'en indiquer l'Auteur : C'eft Monfieur des Hayes Maître à Danfer, qui pour faciliter l'intelligence de la Chorégraphie qu'il enfeigne, a inventé des caracteres très-ingénieux & très utiles, pour mettre fous les yeux le parfait rapport de la Mufique avec les Pas, foit dans les Danfes où le Compofiteur s'éloigne adroitement des routes ordinaires, foit pour marquer le fenfible de la Cadence, foit enfin pour exprimer favament le partage des tems.

CES Caracteres portant le nom des notes & des fignes de la Mufique, de maniere qu'étant pofés à côté des Pas qui font marqués dans la Chorégraphie, l'on voit d'un coup d'œil, non-feulement les Pas qui entrent dans une Mefure, mais encore la durée de chaque action d'un Pas par raport à chacune des Notes qui entrent dans la Mefure.

DEPUIS que ce Traité de la Danfe a été donné à imprimer, M. Dupré poffeffeur du privilege de Chorégraphie, m'a communiqué un moyen qu'il a inventé, pour faire connoître d'un coup d'œil le parfait raport de la valeur des Pas avec les mefures des Airs fur lefquels ils font compofés, ce moyen eft d'autant plus utile qu'il eft fimple, ne confiftant que dans la forme des Notes de Mufique qu'il place à la tête des caracteres qui marquent les Pas.

DE tout ce que nous venons de dire dans ce Traité, on en peut raifonnablement conclure, que l'intelligence parfaite des Principes de la Cadence met en état de compofer exactement & avec certitude. Cependant cette feule connoiffance ne fuffit pas pour atteindre le merveilleux & le fublime de la Compofition. Que faut-il donc de plus ? Le génie. Nous voyons fouvent dans tous les genres, des ouvrages infipides quoique réguliers, le génie feul peut nous toucher. La Danfe poffede de tems en tems des Compofiteurs dont la fcience & le génie embellit tous les fujets qu'ils traitent. Il s'en trouve auffi parmi les femmes.

I L en eſt une entr'autres que le Public ne voit plus, et qu'il regrette toujours. Le genre de Danſe qu'elle s'étoit choiſi, étoit ſi rempli de graces, de nobleſſe, et d'expreſſion qu'elle en étoit regardée comme le parfait modéle; on pourroit compter ſes triomphes par le nombre des jours qu'elle a paru; principalement dans des ſujets ſuſceptibles d'imagination & de deſſein, où les Spectateurs ſéduits par les charmes de l'action, devenoient tous pour elle des Amadis. *

LA connoiſſance que nous venons de donner de la Cadence, de ſes diférentes eſpéces & du parfait raport de la Danſe avec la Muſique, nous met en état de terminer les diférens qui s'élevent quelquefois ſur la Cadence des Pas, dont nous ne jugeons ordinairement que ſur le ſeul raport de nos ſens qui ſouvent nous trompent, quand ils ne ſont pas accompagnés de Regles ſûres fondées ſur la raiſon. Ainſi pour en bien décider, il faut compter les tems de la meſure de l'Air, les comparer avec les actions des Pas en queſtion, et ſi nous trouvons qu'ils quadrent facilement enſemble dans une égale proportion, nous ſerons ſûrs que les Pas ſeront en cadence, parceque pour lors, nos ſens ſeront parfaitement d'accord avec la raiſon.

AVANT de finir cette quatriéme Partie, je crois ne pouvoir mieux faire ſentir l'utilité des Regles de cet Art, qu'en parlant de quelques Danſeurs qui en ont fait un ſi parfait uſage; qu'ils ont trouvé le ſecret de plaire & de ſe faire une grande réputation, quoiqu'ils ne fuſſent pas nés avec tous les talens néceſſaires pour parvenir à la perfection; ils ont eu l'intelligence de n'exercer que leurs talens naturels, et les ont ménagés avec tant d'adreſſe qu'ils ont eu des partiſans, qui ſoutenoient qu'ils ne laiſſoient rien à deſirer. Ceux qui ſe ſont trouvés avoir les mouvemens doux & lians, une belle figure, jointe à un goût exquis, et une grande poſſeſſion, ſe ſont propoſés une Danſe terre-à-terre, noble, tendre & gracieuſe, d'autres ſe ſentant legers & vigoureux ont pris le parti de danſer d'une maniere vive & brillante, et de ſurprendre, par l'élevation & la difficulté de l'exécution. Nous en voyons encore qui ſont fort applaudis dans les Danſes comiques, et l'on ne peut nier que ces diférens caracteres de Danſe ne ſoient autant de

---

* Mademoiſelle Sallé, Opera d'Amadis.

beautés, puisqu'ils plaisent ; mais aussi l'on ne sauroit disputer
que l'assemblage de ces qualités dans un degré plus éminent ne
forme un plus parfait Danseur, dont nous tâcherons de donner
l'idée dans la cinquiéme partie de cet Ouvrage qui traitera de
l'Harmonie de la Danse, et de la Composition.

CINQUIE'ME PARTIE.

De l'Harmonie de la Danse.

L'HARMONIE considérée en general, est le parfait
raport d'un tout avec ses parties. Elle est la cause de
toutes les beautés de l'Univers. C'est elle qui par son ordre
admirable, facilite l'intelligence & le progrès des Scien-
ces & des Arts ; en un mot c'est elle, qui non-seulement embellit toute la Nature, mais encore qui forme le lien des esprits &
les charmes de la société. Il s'ensuit de cette idée générale, que
l'harmonie de la Danse est le parfait assemblage de toutes les parties ; aussi n'en parlons-nous qu'après avoir établi les Principes &
les Régles de cet Art, dont l'harmonie fait une juste application,
et pour en parler avec ordre, nous distinguerons l'harmonie de
la Danse en trois articles, par raport au nombre des personnes
qui l'exécutent ; savoir en harmonie de danse exécutée par une
seule personne, homme ou femme ; en danse dialoguée exécutée par deux personnes ; en harmonie de Danse exécutée par
plusieurs personnes.

ARTICLE PREMIER.

Harmonie de Danse, executée par une personne seule.

LA belle Harmonie demande dans un Danseur toutes les
qualités naturelles & acquises, nécessaires à une parfaite
exécution ; ainsi je le suppose bien fait & bien proportionné ;
doué d'une oreille juste & fine, ayant une grande connoissance
des Pas, et possédant principalement cette heureuse liberté qui
produit la force, l'équilibre, la justesse, la legereté, et la douceur des mouvemens, jointe à beaucoup de vivacité. Un excel-

lent Danseur possede l'Air sur lequel il doit danser, il le consulte pour connoître toutes les beautés dont il est susceptible , et se présente d'une maniere si noble & si gracieuse, qu'il annonce au premier coup d'œil le plaisir qu'il va procurer. S'il débute par des Pas élevés & brillans , il les exécute avec tant de facilité qu'ils paroissent aisés & naturels , la varieté, le choix & la douce liaison de ses Pas, marquent son savoir & son bon goût. Les Pas qu'il double , sont exécutés avec beaucoup de netteté & de précision. Il marie avec tant d'art la Danse & la Musique, que toutes les actions de ses Pas font sentir sensiblement les tems de la mesure de l'Air. Il plaît , dans quelque point de vûe qu'on le considere. Toujours maître de ses mouvemens & tout occupé du caractere qu'il représente, le port de ses bras & ses atitudes en font de vives expressions. Il est noble & majestueux dans une entrée d'Apollon, charmant & plein d'agrémens dans une Chaconne, surprenant & admirable dans une entrée de Démons ; il nous enchante par l'ingénieux enchaînement de ses saillies , et de ses repos dans les entrées de Faunes & autres Divinités champêtres. Enfin devenu maître du cœur des Spectateurs, il leur fait sentir tout le plaisir que peuvent causer le vrai & le beau , qui sont les effets naturels de l'harmonie.

ARTICLE SECOND.

Harmonie Dialoguée , ou Danse exécutée par deux personnes.

CETTE harmonie de Danse demandant une exécution aussi parfaite dans son genre que l'harmonie de la Danse d'une seule personne en demanderoit dans le sien ; Nous devons par conséquent supposer égalité de talent dans les personnes qui l'exécutent, & nous conformer dans l'explication de ce qui l'a caractérise en particulier. Cette espece de Danse peut être exécutée par deux hommes, deux femmes ,ou par un homme & une femme. On est satisfait de l'exécution des deux premiéres maniéres , pourvû que les Pas soient bien formés, qu'ils marquent avec grace le sensible de l'Air , et que les figures soient observées avec beaucoup de justesse ; mais une Danse exécutée par un homme & par une femme , demande encore plus de perfection , principalement depuis que l'on regarde ces fortes d'Entrées comme un deſſein qui répreſente la ſituation de quelque paſſion dont les différens mouvemens ſont vivement exprimés par la juſteſſe des pas & la beauté des atitudes qui formant une eſpéce de Dialogue harmonieux, fait le charme & les délices des Spectateurs, en amuſant agréablement leur eſprit.

ARTICLE TROISIE'ME.

De l'Harmonie de la Danſe, exécutée par pluſieurs perſonnes.

CETTE troiſiéme eſpéce d'Harmonie eſt une vive répréſentation des principales productions des compoſiteurs. Elle contient les caractéres ſérieux & comiques de la Danſe dont le ſuccès dépend de la parfaite exécution, qui ſuppoſe dans les Danſeurs beaucoup d'oreille, un grand uſage du Ballet, & ſurtout l'exacte obſervation du parfait rapport des figures que l'on peut regarder comme une ſuite de Tableaux mouvans qui repréſentent aux Spectateurs toute la diſpoſition du ſujet.

DE LA COMPOSITION.

LA Compoſition de la Danſe conſiderée en général n'eſt autre choſe que la production des Pas & des Figures convenables aux Airs donnés ou choiſis, ſur leſquels on a deſſein de compoſer.

Nous avons dit au commencement de ce Traité qu'il y avoit deux ſortes de Compoſitions, ſavoir, la Compoſition des Danſes ordinaires & la Compoſition des Ballets. Nous avons auſſi donné la définition de ces deux eſpéces de Compoſition, & fait remarquer la ſupériorité de la Compoſition des Ballets ſur celle des Danſes ordinaires dans leſquelles on ne recherche que la bonne grace & le plaiſir; ainſi nous aurons ſatisfait à ce que nous avons promis, lorſque nous aurons communiqué nos réflexions ſur ces deux eſpéces de Compoſitions; mais il convient d'avertir qu'elles ſeront très-courtes, & qu'elles ne doivent être regardées que comme de ſimples moyens de guider le feu de l'imagination des Compoſiteurs, parce que le génie ne ſe donne point, et que le grand nombre de Régles & de maximes ſeroient plus capables de le refroidir que de l'animer.

Obſervations ſur la Compoſition des Danſes ordinaires.

LA premiere eſt de ſe rendre Maître de l'Air ſur lequel on veut compoſer, ce qui arrive lorſqu'on en connoît le caractére, l'étendue, les Repriſes, le degré de mouvement & les eſpéces de Notes dont les meſures ſont remplies.

L'Air ainſi connu, il faut en battre exactement la meſure, en ſentir tous les temps, & bien éxaminer de quels Pas ils ſont ſuſceptibles. Il faut enfin que ces Pas choiſis & pris dans le ſenſible de l'Air, en marque le repos & tracent ſans confuſion des figures aimables qui ſoient auſſi agréables par leur variété que par leur nouveauté.

Obſervations ſur la Compoſition du Ballet.

AVANT de propoſer aucune régle ſur la Compoſition du Ballet, je crois qu'il convient d'obſerver que le ſujet en eſt quelquefois totalement traité par des Paroles, comme ſont les Opéra, les Divertiſſemens qui portent le nom de Ballets; telles ſont les Fêtes Venitiennes, les Divertiſſemens de Comédie & autres, & quelquefois le ſujet n'en eſt qu'indiqué; Tels ſont les Ballets qui s'exécutent par des Pentomimes danſans ſans être accompagnés de paroles; par exemple, l'Education du Prince, les Tombeaux des grands Hommes, l'Induſtrie, les Spectacles & autres. Ces deux ſortes de Ballets ſuppoſent ſans doute de la ſcience & du génie dans les Compoſiteurs dont j'ai décrit les talens; cependant il paroît que la ſeconde eſpéce en demande davantage, parçe qu'il y a moins de ſecours. Quoi qu'il en ſoit, je finis mes obſervations ſur la Compoſition par une ſeule Régle, qui conſiſte dans l'exacte & profonde méditation de l'action & du ſujet que l'on veut traiter. C'eſt de cette étude que ſe forme le plan du Ballet & l'ingénieuſe diſtribution des Entrées ſérieuſes & comiques ſelon le genre d'imitation que l'on veut repréſenter, l'Ordonnance des habits conformes à ces différens caractéres en eſt une ſuite néçeſſaire; On paſſe enſuite à l'intelligence des Airs dont la poſſeſſion doit pénétrer le Compoſiteur, et lui inſpirer, s'il eſt ſenſible, ces heureuſes Compoſitions qui font les délices des Spectateurs, et tout le prix de ſa réputation.

J'AI

J'AI dit dans la définition de l'Art de la Danſe, que cet Art eſt utile aux amateurs, pour en bien juger; ce qui m'engage pour le prouver, de donner une eſpece de Récapitulation des Principes & des Régles de cet Art, que j'apliquerai aux différentes compoſitions des Danſes, et à la bonne ou mauvaiſe exécution des Danſeurs. Je commence par l'exécution des Danſeurs en quelque lieu qu'on les veuille ſuppoſer, bien entendu que je comprens les hommes & les femmes ſous le nom de Danſeurs. D'abord j'en éxamine la figure & la proportion, ce qu'il eſt très-rare de trouver dans la perfection; les uns ſont arqués, et les autres ſont cagneux; il s'en trouve qui ont le col trop long, d'autres trop court; en un mot, on ne finiroit point ſi l'on vouloit détailler tous les défauts qui ſe peuvent rencontrer dans chacune des parties & dans leur union; il eſt encore très rare de trouver dans un Danſeur une contenance noble & aiſée qui prévienne en ſa faveur; ſouvent les plus grands Danſeurs ſe préſentent d'une maniere ou trop affectée, ou trop négligée; Il y a plus; c'eſt qu'il faudroit paroitre d'une maniére qui exprimât le perſonnage que l'on doit repréſenter, et l'eſprit de l'Air ſur lequel on doit danſer; c'eſt-à-dire qu'un Danſeur ne doit pas être le même en commençant le Couplet d'une Chaconne qu'il feroit pour une Entrée d'Apollon, encore moins pour danſer les Furies ou quelqu'autre caractére. Une grande perfection dans une Danſeuſe eſt d'avoir une phiſionomie capable d'exprimer les paſſions, le jeu de ſes traits anime toutes ſes actions & remporte néceſſairement les applaudiſſemens des Spectateurs. De l'examen de la figure & de la maniére de ſe préſenter des Danſeurs, je paſſe à la conſidération des pas, dans l'exécution deſquels j'obſerve les mouvemens, la forme, la cadence & l'harmonie. On peut dire que la perfection des mouvemens conſiſte dans l'équilibre, la légereté, la douceur en pliant, la vivacité en relevant, et ſur tout dans cette aimable liaiſon preſqu'inſenſible des pas, qui en fait le charme & le touchant. Les pas ſont bien formés lorſque les pieds & les genoux également tournés & étendus, expriment dans chacun les actions qui lui conviennent. La cadence des pas eſt exacte, lorſque leurs actions marquent préciſément le premier inſtant des tems de la Meſure; enfin l'harmonie ſe rencontre dans la parfaite convenance des pas & de la cadence avec les bras & les atitudes. Il convient encore pour rendre cet éxamen complet, de juger de la compo-

D

L'ART DE LA DANSE.

ſition dans les tems de l'exécution, ce qui ne dépend que de la juſte application des régles que nous venons de donner dans cette cinquiéme Partie, en parlant de la Compoſition des Danſes ordinaires & du Ballet : Ainſi, il ne me reſteroit rien à ſouhaitter en finiſſant cet ouvrage, ſi la certitude des Principes & des Régles que j'ai eu ſoin d'y expoſer, pouvoit garantir les amateurs de la Danſe, des ſurpriſes & des illuſions que nous cauſent ſouvent les fauſſes apparences du vrai & du beau; Par exemple, c'eſt ſe tromper que de prendre des agrémens affectés pour des gentilleſſes & du badinage. Suffit-il de vouloir imiter les graces des autres pour les poſſeder ? Ne ſeroit-il pas au contraire plus ſenſé d'abandonner ces vains efforts, pour ne cultiver que des talens plus naturels & plus aiſés ? Me fera-t'on croire qu'un Danſeur eſt parfait parcequ'il a de beaux bras & de belles atitudes, ſi lorſqu'il s'éléve, ſes pas & les mouvemens de ſes genoux ſont durs & ſecs? N'eſt-ce pas pécher contre l'harmonie ? Le défaut de ceux qui manquent d'oreille en certaines occaſions & qui danſent en cadenſe dans d'autres, ne prouve-t'il pas que la ſcience a moins de part dans leur réuſſite que la routine & le haſard ? Le faux brillant de l'exécution eſt ſelon moi, le défaut le plus capable de ſurprendre & d'en impoſer à ceux qui ignorent le prix & la difficulté d'acquérir la belle & noble ſimplicité. Une multitude de pas difficiles faſcine, pour ainſi dire, les yeux du ſpectateur ; mais le vrai connoiſſeur ne s'en laiſſe jamais éblouir, parcequ'il en démêle toutes les imperfections ; Rien neſt plus capable de former le goût des amateurs de la Danſe, que les refléxions qu'ils pourront faire ſur les fauſſes apparences de la belle exécution, ils deviendront par ce moyen juſtes eſtimateurs du vrai mérite & de la perfection à laquelle, ſans le ſecours de l'Art, les talens les plus naturels ne ſeroient jamais parvenus.

CONCLUSION.

JE finis, en annonçant qu'il reſteroit à deſirer un Livre ſur les Principes détaillés & dévelopés de l'Art de la Danſe, ouvrage très-utile, qui rendroit les jeunes Maîtres poſſeſſ-urs de la ſcience, de l'experience, & du goût de leurs anciens; Mais un tel ouvrage ne peut être mis au jour que par quelqu'un des grands Maîtres de la premiere Claſſe, parcequ'il faut qu'il expoſe les differentes diſpoſitions des Ecoliers ; qu'il donne les moyens de les conduire à la perfection; il faut enfin qu'il enſeigne ces ſecrets merveil-ux de l'Art, qui changent en agrémens les premieres imperfections. Si Mr Marcel étoit toujours dans le deſſein de donner un pareil Traité, le Public n'auroit plus rien à deſirer ſur cette matiere.

F I N.

9 782329 614335